Fisgonerías

Lupita González de Ureño

Ediciones
MONARCA

Fisgonerías

Lupita González de Ureño

Fisgonerías
© D. R. 2021, Lupita González de Ureño.

© D. R. 2021, Ediciones Monarca.
219 Crosswind Way
Brownsville, Texas. USA. 78526.
edicionesmonarca2020@gmail.com

Imagen de portada: Graciela de Dios.

Primera edición: Ediciones Monarca, 2021.

ISBN-13: 979-8527778175

Prólogo

"Soy mujer y un entrañable calor me abriga cuando el mundo me golpea. Es el calor de las otras mujeres, de aquellas que hicieron de la vida este rincón sensible, luchador, de piel suave y tierno corazón de guerrero".

Alejandra Pizarnik

Lupita González de Ureño es mujer de horizontes y de sensibilidades, de virtudes y de cantos, mujer que habla con el sentir de otras y camina por sus laberintos. Así, la autora da vida a *Fisgonerías*, voces de mujeres que no pudieron decir lo que sintieron en su momento; voces de mujeres que, por motivos ajenos, no pudieron dejar libres sus monstruos interiores; mujeres que, por cultura, costumbre, o tradición, convirtieron sus ideales en monólogos internos que surgieron y llegaron a oídos de la poeta, quien los transformó en palabras y ahora son más que soliloquios detrás de paredes: palabras que llegan y hacen eco en otras mujeres que no pueden articular esa voz.

La sensibilidad de Lupita González de Ureño ha transformado esos "soliloquios" en su propia voz. Como dice la autora: "*Fisgonerías* es un manojo de lugares comunes", el sentir y el pensar de todas ellas y que, en cierto momento, hacen ruido en el "ocupado lector". Lugares comunes que llegaron a oídos en el momento justo para surgir como el pensamiento que muchas perdieron en el intento.

Con lenguaje sencillo, pero lleno de emociones, la poeta aborda temas como el silencio en el que algunas mujeres habitan y construyen un mundo imaginario para poder y escapar del real:

"Casi todos tenemos
un poema escondido
en lugar impreciso.
Algunos versos
que se quedan dormidos,
guardados en un imaginario
manuscrito…"

También nos habla del hastío, el abandono en el que algunas veces cae el matrimonio. Ahí el tiempo y la rutina van trazando los rastros de la soledad; y la mujer tolera y resiste y acepta, hasta que un día, deja de insistir en sus señalamientos:

"Me miras como si fuera

tu camisa desteñida,

ésa que no causa orgullo

lucir en alguna fiesta"

La poeta utiliza el recurso de la falacia romántica, donde los elementos de la naturaleza nos muestran el estado anímico del que habla. La resignación es otro de los temas que se aborda:

"Hoy vi cómo la tarde

se perdió entre la lluvia,

así como tu risa

se perdió en algún bar".

Por otro lado, la voz poética nos muestra el sentir de la mujer que añora, utilizando la característica romántica del que sufre por el amado ausente:

"Te pienso,

cuando el viento se acuerda de tu nombre,

y lo acomoda terco en mis oídos".

Asimismo, la voz del amor a destiempo:

"*Amor, amor,*

nos encontramos tarde,

estás prisionero,

tu escasa libertad no alcanza,

no alcanza para ir a mi encuentro".

Así podemos encontrar infinidad de voces que le hablan al ser amado, al ser que alguna vez lo fue o el que nunca podrá serlo. Le habla al ausente, al infiel y al que está a punto de desvanecerse en la memoria.

"*No sentí frío, una neblina tibia*

descendió de lo alto y me envolvió

con una enorme sensación de felicidad".

Puedo concluir que *Fisgonerías* es deseo, añoranza, melancolía, esperanza, sequía, desasosiego. Es madrugada, reclamo, oscuridad. Es viento, mujer que busca paz en el olvido o en algún rincón del sueño.

Gloria Rodríguez

Introducción

Fisgonerías es un pequeño libro que sirve de vehículo para trasladar las voces de algunas mujeres, palabras adoloridas, guardadas en la mente y en el corazón, repositorios tristes, cofres que se rompieron incapaces de atesorarlas, voces llenas de días, cubiertas de tiempo, que solo fueron escuchadas para sí en el más silencioso de los soliloquios, haciendo temblar la voz interior, sin el afán de pordiosear la compasión ajena.

Fisgonerías es un manojo de lugares comunes que se desgranaron sobre mis oídos en el momento más abierto, en esas ocasiones en las que no se reserva nada, cuando las confesiones brotan desaforadas en profundos recintos raras veces abordables y con la misma fuerza que caen, se rebelan y rebotan buscando posesionarse o asirse de la mano de alguien como yo, que le da por loquear y poner en los renglones esas voces, imágenes y sonidos que viajan por senderos impredecibles.

Cómo quisiera que esas voces, recuerdos e imágenes, remedos de poemas, fueran tan solo ideas o retazos de biografías de personajes inventados. Cómo quisiera no tener esa capacidad intrínseca de hacer mía la pena de las autoras indirectas, el dolor de sus voces, el dolor de sus gestos.

Pero no, me tocó detenerme frente a sus existencias, asomarme porque abrieron ante mí la ventana de su desesperación, me convidaron de su tristeza, de su desamor, de su infortunio, bebí de su copa y eso es algo que simplemente se llama solidaridad.

Y es la solidaridad la que me obliga a brindarle un espacio a esas voces, vivencias que son como cartas escritas en ausencia de un destinatario y que se desplazarán por distintas geografías, quizá para consuelo de otras. Cartas con palabras entumidas, destempladas, delirantes, palabras llorosas por lo que se ha ido, o lo que está por irse.

Cómo quisiera que el destinatario ausente hiciera acto de presencia, que leyera estas palabras articuladas entre el amor y el olvido. De no ser así, estas cartas escritas con celos, dolor, desengaño e incomprensión tendrán un inevitable encuentro con el silencio.

La autora

Sobre la imagen de portada

Esta obra la realicé inspirada en la mujer que se construye, deconstruye y reconstruye como persona para afrontar las adversidades en sus distintas facetas todos los días y que, a pesar de todo, le sonríe a la vida. El fondo tiene que ver con los atardeceres de su vida. La hoja, con sus otoños, el paso del tiempo, de la vida. El gorro porque los hombres se tendrían que seguir descubriendo la cabeza al ver pasar a una mujer, en señal de respeto y homenaje.

La finalicé mientras mantenía una conversación virtual con Tulu de Ureño, de México, por lo cual me sentí muy emocionada porque, a pesar de la distancia, las dos estábamos pensando lo mismo sobre ese estado de la mujer.

Dejo en sus manos ponerle un título a la misma, ya que será portada de su libro.

Muchas Gracias, Tulu.

Graciela de Dios

DESAMOR

No sé dónde el amor se fue quedando
en otros labios, otro espacio
y otra temporalidad.
No sé cómo hemos de recuperarlo
si no se quedó en mis labios,
si no se quedó en mi espacio
y el tiempo no volverá.
Hoy tu vida
no armoniza con la mía,
el amor se ha destemplado
vislumbrándose el final.
Ahora somos
como líneas paralelas
y vivir en apariencia
es nuestro estado natural.

SE ME VA LA VIDA

Hoy vi cómo la tarde
se perdió entre la lluvia,
así como tu risa
se perdió en algún bar.
Se fueron los ayeres,
se fueron los antieres
y se me va la vida.
No volveré a pisar
ese sendero hermoso.
Se me olvidó poner
migajitas de pan.

DETESTO EL VINO

Detesto el vino que te tomas
porque hace que me mires feo,
que me critiques, que me asustes,
porque hace que te acuerdes
de mi madre que en gloria esté.
Detesto el vino que te tomas
porque hace que me despeines
con violencia, mermando mi cabello
que es, de por sí, tan poco.
Detesto el vino que te tomas
porque hace
que tus palabras de-le-tre-a-das,
además de rasposas, huelan mal.
Detesto el vino que te tomas…
Por muchas cosas más.

AUSENCIA

Estás aquí, pero no estás.

Tengo la certidumbre de tu ausencia

porque has vuelto a meterte en el silencio,

en ese silencio que melancoliza

tus segundos,

tus minutos, tus horas.

Porque el desánimo y el desaliento

se han sentado

junto a tu cabecera.

¡Compañeros umbríos!

Estás aquí, pero no estás.

Tengo la certidumbre de tu ausencia

porque ni siquiera

te acuerdas de mi nombre,

ni del tuyo.

Porque tienes la mente pletórica

de olvidos.

¡No sé qué duele más!

Tus fonemas delirantes

como conversación de sonámbulo,

los retazos de cosas no vividas,

al menos no conmigo.

Recuerdos vagos,

descoloridos,

pálidos,

como el triste declinar

de la tarde que muere.

SOLA

Se fueron todos y me dejaron sola.

Me quedé acompañada de recuerdos y sombras.

El eco de las voces queridas

—y las no tan queridas—

se fue por la ventana.

Se me desdibujaron las caricias.

Las borraron mis lágrimas.

La soledad hiriente se quedó como huésped.

¡Qué quietud tan extraña!

Me hablo y me contesto,

siempre salgo de acuerdo.

También me río sola.

Los vecinos me han visto

y me tildan de loca.

Es mejor que no me hable,

prometo no dirigirme la palabra.

Mejor hablo con alguien.

¿Con quién? Si ya ni queda nadie,

si ya se fueron todos y me dejaron sola.

¡Ya sé! Asaltaré una tienda.

¡Me llenaré de ropa!

La que tengo, está muy pasada de moda.

También compraré una botella,

de esas carotototas,

como en los buenos tiempos.

Porque el dinero, el dinero me sobra.

¡Ay! Si pudiera alcanzar,

para un amor sincero, para una buena amiga,

para un tranquilo sueño.

QUIERO

Hoy quiero dejar esta quietud extraña,

esta quietud patética llamada sufrimiento,

desdibujar tantos recuerdos color sepia.

Quiero llorar, llorar, llorar

hasta quedarme seca y olvidarte.

Quiero hacer una fiesta

y decirles a todos que te dejé ir,

que te fuiste como se va el pasado.

Quiero soñar despierta,

quiero estrenar momentos

para estrenar recuerdos.

Quiero izar velas blancas,

quiero a mi favor el viento

y llegar a otra orilla, a un horizonte cálido

entre espuma y arcilla.

TE ESPERARÉ POR SIEMPRE

Te extraño, entre lo vivido y lo imaginado,

no puedo prescindir de tu recuerdo.

Te percibo en la lejanía, en esa lejanía

que lo empequeñece todo.

Te justifico cuando me tropiezo

con las ilusiones perdidas.

Te busco en el desierto de mi soledad.

Te invento en ese espejismo generoso

de realidades ilusorias.

Te extraño. Me aferro a lamentarme,

no sea que el mugre olvido

se trague mis recuerdos.

No sé qué haría sin ellos.

Y aunque no vuelvas nunca…

Te esperaré por siempre.

INSOMNIO

La luna se desliza,

está huyendo del día,

se ve que tiene prisa.

Las horas son tan lentas,

tienen tanta flojera.

¿Como serán las horas de los presos?

Las nubes cobijan

y descobijan a la luna,

se asoma por entre las persianas,

se acuesta conmigo hecha tiritas.

Se sale de mi cuarto, se desliza,

sigue huyendo del día,

se ve que tiene prisa.

Las nubes no la encuentran,

los grillos me aturden

y se aturden unos a otros.

El reloj no se aburre de su misma tonada,

los grillos y el tic-tac ya me tienen hasta...

la autora de mis días.

Presiento que ésta será una noche larga,

como ésas que tienen larguísimas horas.

Contaré borreguitos.

¿Qué me pondré mañana?

Los perros andan de enamorados.

Los gatos juegan carreras en el techo.

Quinientos borreguitos.

¿Será la ambulancia?

¿Serán los bomberos?

¡Y lo que me faltaba!

El aire del norte está golpeteando

la ventana.

Se está metiendo sin permiso,

al igual que los ruidos callejeros.

Me hago bola en la cama

(que no me cuesta mucho)

¿Dónde estará mi colcha de franela?

¿Cuántos niños habrá que tengan frío?

¿Cómo serán las noches de los presos?

Miles de borreguitos.

Los grillos se durmieron.

La madrugada se fue haciendo más triste,

más fría.

Y él no llegó.

Me acurruqué,

me cobijé con un sueño,

con un sueño platónico

y me olvidé de la sufridera del mundo.

TE PIENSO

Los recuerdos no pueden editarse: aparecen tal como

se vivieron.

En las agónicas noches,

cuando el día está ansioso

por estrenar las horas,

cuando camino por las playas

donde se desvanece el mar

o se comienza a perfilar el continente.

Te pienso en las montañas,

cuando las nubes me cobijan

y me difumino.

Te pienso en los arroyos desgastados

y en los ríos caudalosos.

Te pienso

cuando el viento se acuerda de tu nombre

y lo acomoda terco en mis oídos.

Te pienso en el invierno del verano,

cuando llueve con cielos desnublados,

cuando busco la almohada de tu brazo,

cuando se antoja mi dulce preferido.

Te pienso

cuando vuelo con las alas prestadas,

te busco en el espacio,

en el cielo nuboso,

en el Orión que contemplamos juntos…

Te pienso y te extraño

cuando mis pies se duelen,

con la arena caliente del desierto.

QUÉDATE CERQUITA

Cuando llueve con sol, sus rayos son aguados, amarillentos,
la lluvia adquiere la textura de miel derretida.

Cuando estoy junto a ti

la tristeza es aterciopelada,

los días nubladitos con color de ceniza,

con soles amarillos

o cuando están llorosos o si están entumidos,

los veo tan hermosos,

los siento tan perfectos.

Quédate cerquita

cuando las hojas se desprendan tristonas

o estrene nuevos brotes la tibia primavera.

Quédate cerquita

cuando el huracán azote con bravura

y borre los caminos

y doble las palmeras.

Quédate cerquita, porque cerca de ti,

el cielo anubarrado lo puedo ver azul.

Quédate cerquita, porque contigo,

a pesar de los pétalos caídos,

las hojas desprendidas,

el viento huracanado

y los días entumidos,

me siento consentida.

Me aferro a tu vida,

inventando a tu lado

amorosos caminos,

esos que las tormentas

fueron desdibujando.

TE EXTRAÑO

Así como el río no regresa
a besar las riberas
y las lágrimas no vuelven a los ojos,
ni la voz a los labios.
Así como el tiempo no retorna
y pierden su forma
las nubes pasajeras.
Así no volverán,
ni el polen a las flores,
ni las hojas caídas a las plantas,
ni el sudor a los poros.
Y el humo jamás se volverá a su hoguera.
Así tú nunca volverás a esta planicie
que un día fue tu pradera.

A DESTIEMPO

Amor, amor,

nos encontramos tarde.

Estás prisionero,

tu escasa libertad no alcanza,

no alcanza para ir a mi encuentro.

Un lazo de papel amarillento

impide que cruces el umbral,

que te acerques a mí.

El celador celosamente atisba,

escucha cuando me hablas con los ojos.

Amor, amor hallado

cuando ya no era tiempo

en la estación de otoño a medias,

cuando los días duran tan poquito

y el sol se resbala temprano.

Amor, amor hallado tardíamente,

naturaleza muerta,

sangre coagulada, piel reseca,

pies cansados que no llegaron a la cita,

primavera que se volvió esperanza.

Amor, amor, amo el hilo de tu callada voz.

Amo tus palabras cariñosas

cuando se escapan sigilosas

a través del resquicio de tus ojos.

Así es el amor que no es hallado a tiempo,

amor al que se le negaron

los veranos cálidos.

Amor de dos que se aman en secreto

esperando el invierno.

Amor de dos que se amarán de lejos

y a destiempo.

PRESENTIMIENTO

Hace días que tengo

un gran presentimiento.

Es algo raro que me invade

entre oscuro y sombrío.

Es como la mitad de un mal presagio,

como la mitad de una desesperanza.

Estoy medio celosa,

estoy medio aprensiva,

como si un ave negra,

de esas de mal agüero,

pretendiera anidar

en mi mente confusa.

Y trato de espantarla,

ignorar su canción

que aturde mis sentidos.

♫ "Él se está perfumando"

♫ "Se está poniendo guapo"

♫ "Está llegando tarde"

♬ "Está malhumorado"

♬ "Sin motivo aparente"

♬ "Está como aburrido"

Síntoma de que tiene

una nueva querencia.

La tonada es amarga,

los versos inquietantes.

Es realidad a medias,

porque la duda es eso.

Y al escuchar la voz de mi sexto sentido,

es la verdad gritando:

Que él es medio ajeno,

que él es medio mío.

Y SE QUEDÓ DORMIDO

Y se quedó dormido

como dormidos se quedaron

el amor, los sueños, los afanes.

La tristeza llegó

sin ser invitada,

se sentó en el sofá, en el comedor,

donde pudo.

El nido se quedó vacío

como si todas las tristezas

anidaran en él.

Y se quedó dormido,

su sueño se hizo eterno.

El himno al amor se fue apagando

en fúnebre *crescendo*.

Su espíritu volvió a quien

lo envió.

Su alma voló difuminada

por cósmicas regiones.

La buscó en el azul, profundo,

sideral, ignoto.

Alargó la mirada,

allá donde la humana voz

jamás se escucha,

allá, en el callado abismo

de la nada.

AUNQUE NO QUIERA

No te quiero llorar, pero te lloro.

No te quiero pensar, pero te pienso.

No te quiero extrañar, pero te añoro.

No te quiero soñar, pero te sueño.

No te quiero llamar y no te llamo.

Quiero escucharte y no te hablo.

Debo ahorrarme

promesas incumplidas,

evitar desengaños y pesares.

Quiero apachurrar

mis desventuras,

resecar mis congojas,

aplastarlas como flor disecada

entre las hojas.

¡QUÉ TARDE!

Por la ventana se puede ver la tarde
con cielo que a ratos se oscurece,
a punto de llorar.
Un árbol frondoso lleno
de escandalosas flores negras.
Un charco con un sapo.
Tres tiras de alambre restirado
como líneas de ábaco gigante,
con cuentitas de pájaros.
Un niño con un ramo
tratando de vender poemas rojos.
Una señora con paraguas, prevenida mujer,
se esconde de la tristeza vespertina.
El farol se ha encendido,
otra vez dibujando en la barda
sombras movedizas.
Y dentro de mi cuarto, una ventana mentirosa
con el volumen bajo,
anunciando promesas falsas

de calidad, de aciertos, de trabajo.

Una ventana noticiosa

que habla de muchos muertos,

de fraudes, de temblores,

de héroes cotidianos,

de activistas y simuladores.

Y yo aquí, con el sol escondido,

abandonada.

Y así seguramente

serán todas mis tardes.

ESTOY TAN LEJOS

La melancolía tiene la costumbre de habitar en el país de los
sueños extraviados.

Me siento lejos,

estoy tan lejos,

en medio de sonoridades silentes,

envuelta en la neblina

que difumina los recuerdos.

Entre abstracciones recurrentes,

donde la ruta del tiempo

es infecunda.

La vida es un fastidio.

Las interrogantes mudas

me atropellan.

Estoy tan lejos

que puedo ver la curvatura

de la tierra.

Cima y sima.

Cima celeste

a pesar de todas las edades,

sima de colores ausentes.

Estoy tan lejos,

me siento lejos

de aquéllos

que soñaban sueños,

de aquéllos

que se abanicaban con quimeras.

APENAS TE RECUERDO

Apenas te recuerdo,
apenas veo tu imagen en mi mente
como retrato viejo,
como visión nublada,
borrosa, adormecida,
sin esa lucidez
que se fue con el tiempo.
Apenas te recuerdo,
entre breves destellos de memoria.
Tu imagen es difusa,
es tan plomiza,
envuelta en humo,
cubierta de neblina.
Cuando tu imagen llega por momentos
quiero alcanzarte,
quiero tocarte
aunque sea un instante,
que a tu rostro se asome
una leve sonrisa.

Besa, besa tus dedos,

sopla, deja volar el beso hasta mi boca.

Y te me pierdes…

te pierdes en esa maraña.

¿Por qué huyes de mí?

¿Por qué te escondes?

Se me acaba la voz

de tanto hablar contigo

y no respondes…

¿Será por eso que me miran feo?

¿Será por eso que me llaman loca?

NO SÉ SI PUEDA

*Hay senderos que solo se pueden caminar de noche, cuando
la oscuridad es cómplice del sigilo.*

No sé si pueda

encontrarte esta noche,

en esa maraña

de invisibles caminos.

No sé si pueda desprenderme

del alocado sueño

en que gravito

y me agito en envolventes

remolinos.

ME MUERO POR MORIRME

Estoy envuelta en el invierno,

aterida,

cobijada con ese revoltijo

de helados sentimientos,

maniatada, apaciguada por el frío,

entumida del alma,

de los pensamientos, de los huesos.

Me muero por morirme y salirme de mí.

Anhelo cubrirme con olas del desierto,

zambullirme en un géiser,

volar en un Pegaso

muy cerquita del sol

para desentumirme.

Me muero por morirme,

para salir de mí.

LA COSTUMBRE

No sé si estoy cansada

de quererte

o estoy cansada de que

no me quieras.

Ya no sé si me miras

por costumbre

o me miras sin ver,

como acostumbras.

Ya no sé si me buscas

porque quieres,

o quieres que yo sienta

que me buscas.

Total:

Ni sé si estoy cansada

de quererte,

ni cansada de que no

me quieras.

No me molesta si no

quieres mirarme,

ni tampoco la forma

en que me miras.

Y si ni siquiera me miras,

allá tú.

Si tampoco me buscas,

allá tú.

Lo que sí sé muy bien

es que estoy

muy bien acostumbrada

a la costumbre.

LA SOLEDAD DE DOS

Se nos pasa la vida en hacer promesas, en soñar despiertos,
en alargar las noches, con la obsesión extraña de mejorar los
días.

Cuando el amor ya no fue amor

y cuando la pasión dejó de ser

se terminó la comunicación

porque uno de nosotros no fue fiel.

Yo tuve que tomar la decisión

de firmar en un nuevo papel.

Es imposible ser feliz

con solo migajitas de amor

y muy difícil convivir

en esa soledad de dos,

porque a mi lado estabas tú

pero tu pensamiento no.

No sé ni cuántas noches lloré,

ni cómo superé tu traición,

si el corazón de tanto sufrir

a fuerza se acostumbra al dolor.

Tú cambiaste mi modo de sentir;

ya le cerré las puertas al amor.

PESADILLA

Camino por veredas no inventadas.

Los abrojos no piensan, solo hieren.

Deambulo sobre poemas amargos,

sobre incongruencias

tan parecidas al delirio.

La tiniebla es espesa,

ausencia de luciérnagas

y grillos consoladores.

Ni un hilito de luz que dejan las estrellas fugaces.

Punzadas.

Hilillos rojos.

Estoy desentrañando el horizonte

con mis desorbitados ojos.

Manos palpando espinas.

Boca reseca, sabor a sal y ajenjo.

Inextricables,

enmarañados pensamientos.

Amenazantes nimbos.

Zigzagueantes lampos.

Granizo.

Caminar extraviado

por sendas no inventadas.

Dolor.

Frío.

Sed.

Olvido.

SI SE PUDIERA

Si se pudiera, mi amor, entre tus brazos
entretener mi vida unos instantes.
Si mi pensar se hiciera voz
que solo tú escucharas.
Si el viento me envolviera
en invisibles alas,
volaría hasta encontrarte.
Entonces, mi amor, entre tus brazos
yo podría entretener
mi vida unos instantes.
Y esos instantes de ti me bastarían
para sentir mi alma
junto a ti,
para decirte muchas cosas
y besarte.

QUIERO SOÑAR QUE VIVES

No es bueno hurgar en las ausencias bajo la tenue luz de los
recuerdos; se puede tropezar con desencantos.

Quiero soñar que vives,

Imaginar que existes,

traspasar los linderos de la melancolía.

Quiero sacar tu voz anudada en mi mente.

Quiero imaginar que existes

en la transparencia débil

de mis pensamientos,

pero es tan difícil.

La tarde está llena de tristeza.

El horizonte opalescente

se ha teñido de grises.

Quiero escuchar tu voz

y tu voz no se asoma…

La tarde se hace noche,

el día se ha dormido

y mi soledad, mi soledad está despierta,

mis pensamientos náufragos,

mis nostalgias sombrías,

mis tristezas indómitas.

Navegando estoy en un barco sin vela.

Y aún con todo a la deriva

quiero soñar que vives,

imaginar que existes,

abrazar tu recuerdo

y aferrarme a esa estela blanca

de los años felices.

LA CAMISA DESTEÑIDA

Me miras como si fuera
tu camisa desteñida,
ésa que no causa orgullo
lucir en alguna fiesta.
Me miras y tu mirada
se va quedando pegada sobre mi piel,
porque no miras mis ojos,
porque no miras mi rostro,
porque tus ojos se pegan
en mi tejido adiposo,
en mis manos maltratadas,
en mis cabellos canosos.
¡Ah!, pero cuando por las noches,
allá muy de cuando en cuando,
me visitas cariñoso,
tratando de impresionarme
con tu pasión fatigada,
austera, desatendida,
déjame decirte algo:

Es como si me pusiera
tu camisa desteñida,
ésa que no causa orgullo
lucir en alguna fiesta.

NO HACE FALTA ESCUCHAR "YO TE QUIERO"

Letra y música: Lupita González de Ureño

"Te quiero" es una frase que se puede escribir en un espacio
en blanco del corazón.

"No hace falta escuchar yo te quiero" es una canción que le
compuse a mi marido Alfredo Ureño, porque nunca me
decía que me quería.

No hace falta escuchar "yo te quiero"
conociendo de tu amar el modo
y aun sintiendo tu amor verdadero
una duda se asoma en el fondo.
Y es que a veces la monotonía
y la rutina se adueñan de todo.

//No hace falta escuchar "yo te quiero"//
si esas rosas con mudo lenguaje
me han traído de amor tu mensaje,

si momentos difíciles vivo.
Sé que siempre contaré contigo.

Caminar a tu lado no es fácil;
en guijarros se torna el sendero.
Cuantas veces las manos se sueltan
otras tantas se unen de nuevo
y al final de la lucha, una tregua,
con amor, con caricias, con besos.

//No hace falta escuchar "yo te quiero"//
si tus manos me dicen "te quiero",
tu mirada me dice "te quiero",
tus detalles me dicen "te quiero"
no hace falta escuchar "yo te quiero".

SIEMPRE CREÍ

La costumbre nos lleva a lo cotidiano, la razón a lo
establecido y el corazón a lugares inimaginables.

Y yo que siempre creí que por verte a diario
era imaginario este gran cariño
tan hermoso y limpio que siento por ti.
Y yo que siempre creí que tal vez mi mente
al dejar de verte podría conformarse
y sin yo mirarte olvidarte a ti.
Y hoy que te vuelvo a ver no puedo evitar
que al mirar tus ojos y al sentir tus manos
con el pensamiento te pueda besar.
Yo que siempre creí que podría mirarte
sin querer besarte, como tantas veces
sin que lo supieras, mil besos te di.
Y yo que siempre creí que al pasar el tiempo
este sentimiento, quizá en el olvido,
quedaría dormido y no despertar.
Y hoy que te vuelvo a ver tienes que saber

que mucho te he amado y ese sentimiento
que tenía guardado vuelve a florecer.
Yo que siempre creí que podría mirarte
sin querer besarte, como tantas veces
sin que lo supieras, mil besos te di.

ASÍ TE AMO

"Cuando la luna no está llena, dibuja claridades
incompletas".

Te amo en silencio
como la semilla que muere
por dar vida,
como los renuevos
que brotan sin murmullo,
como vuela el perfume.
Sí, así te amo,
así, en silencio,
como madura el fruto,
como crece el tubérculo,
como cae la neblina.
Sí, así te amo.
Te amo en silencio
como flor que despierta;
sí, así te quiero siempre,
tan silenciosamente

como callada sombra,

como el alba que nace,

como luz que ilumina,

como nube que pasa,

como cae la neblina.

Así te amo,

con silenciosa ira,

con esperanza muda,

como el tiempo

cuando cura una herida.

TE ANHELO

Te anhelo, pero tú no lo sabes.

¡Qué sabes tú de deleites amargos!

Si para ti no hay eclipses de luna

y la soledad no decora tu escenario.

Todo en ti es un eterno plenilunio.

Te anhelo, pero tú no lo sabes,

¿y que ganaría yo si lo supieras?

Te anhela esta vida reseca

que cruje con el viento,

esta vida invernosa, opaca, despintada.

Te anhelo, pero tú no lo sabes.

Te anhela mi vida siempre sola

y tan deshabitada,

siempre latente

y a la vez apagada.

VIENTO NUEVO

Hoy siento que el viento

sopla diferente.

Hoy siento que tiene

textura de brisa;

no arranca las hojas,

hoy las acaricia,

hoy siento que el viento

sopla diferente,

en sus alas lleva olor de suspiros,

ecos de sonrisas.

Sí, el viento sonríe. Sonríe. Sonríe.

Hoy siento que el viento

sopla diferente.

Porque estás conmigo.

Porque estoy contigo.

CÓMO QUISIERA

Cómo quisiera

que el eco de mis letras

llegara a tus oídos

y sintieras la tersura de mi voz

cuando dice: te amo.

Que mis suspiros

se estrellen en tu pecho

y que tu corazón

escuche mis latidos.

Quisiera que tus ojos

se encuentren con los míos,

que tus brazos me estrechen

fuertemente

y tus labios

apaguen mis palabras.

Cómo quisiera

estar bebiendo de tu copa,

cómo quisiera saborear tu vino

y de tu mano, asirme a tu destino.

Pero es imposible,

somos como riberas paralelas,

separadas por infranqueable río.

POR TODO ESO SUSPIRO

Alguien que está muriendo de amor, solo necesita
respiración de boca a boca.

Suspiro por los ayeres

que se han quedado muy lejos,

por el tiempo diluido,

por los mares en bonanza

y los remansos de río.

Suspiro por los caminos

que no recuerdan mis huellas,

por la tibieza del nido.

Suspiro porque contigo

se desdibujaron sueños.

Porque te añoro, suspiro.

Suspiro porque te quiero.

Porque te extraño es que vivo

sin conseguir los olvidos.

Porque los suspiros tienen

un no sé qué de nostalgia

y las nostalgias me llevan

a recordar lo vivido.

Suspiro por tantas cosas

que se volvieron recuerdos.

Suspiro porque te fuiste.

Y porque al irte,

no te has ido.

POR SI ACASO

He soltado palabras entre líneas.

He gritado en canciones que te amo.

Tengo mis brazos extendidos

por si un día te encuentro…

Tu nombre navegando entre mis labios

y frases de cariño

para darle a tu oído.

Las saboreo,

las ensayo,

las repaso.

Tengo también amor en la mirada

y miles de caricias

guardadas en mis manos,

por si algún día te encuentro,

por si acaso.

SÉ

Todavía siento tu abrazo acariciando mi alma.

Sé que será mañana cuando seamos arcilla,

cuando se apague la luz de nuestros ojos

y el horizonte

sea tan solo una orilla

por la que se resbalen nuestras vidas.

Entonces el cielo será pálido

y el sol descolorido,

el mar será una sombra

y no habrá más memoria.

Porque todo

se volverá olvido del olvido.

LATIDOS

El corazón vuelve a latir

cuando saborea

los recuerdos hermosos

que se asoman

por las ventanas invisibles.

Se acomoda

en cada sitio visitado,

evoca las imágenes queridas

y el viento perfumado

se aspira,

se respira,

se suspira.

Al corazón no se le olvida

donde vivió momentos deliciosos

y sufrió amargas despedidas.

MELANCOLÍA

Amor, mis labios tienen palabras escondidas
que están amenazando con salir
y no estás aquí para escucharlas.
Amor, mis ojos no te encuentran
y te veo siempre,
mi alma no se cansa de mirarte.
Amor, mi corazón siente tu cercanía, tu latir,
siempre estoy atrapada entre tus brazos.
Y tú estás tan lejano, escuchando
y besando nuevos labios,
te estás mirando en otros ojos,
estás sintiendo
un cálido latir en otro abrazo.

ESTÁS EN MIS SUEÑOS

Siempre estás en mis sueños

y estás también en mis desvelos,

aunque tus pasos se vayan dibujando

en otro suelo

y tus ojos no contemplen las estrellas

que un día miramos juntos

y amanezcas mirando otros luceros.

Estás en mis anhelos,

aunque nunca se cumplan…

Estás en mis sueños,

estás en mis desvelos,

aunque mis pasos no te alcancen

y tus pies pisen un suelo que me es ajeno

y contemple yo sola las estrellas

y mis ojos ya no sean tus luceros,

siempre estás en mis sueños…

Y siempre estarás porque te quiero.

ME ESTOY OLVIDANDO DEL CAMPOSANTO

Hay amores que fueron pasión, canto, ilusión, poema,
risa… Y se volvieron vapor, humo, ceniza.

Hoy es lunes. Ella, con los ojos llenos de sueño, está por terminar un florero, austero y discretón.

Casi es la medianoche y en esa penumbra que se hace cuando la luna vaga incompleta por el firmamento, y el martes que ya estaba perfilándose por el umbral, no tardará en aparecer.

Más dormida que despierta, imagina la visita que hará a ese lugar de las infancias de primos, sobrinos y nietos.

Allá tendrá un irremediable encuentro con las nostalgias, los rencores y con sus muy apapachadas amarguras.

Su mente repasará momentos, hablará un poco sola, pero esta vez se ha hecho el firme propósito de no llorar, porque dice: luego me ando arrepintiendo y culpándome por mis lloriqueos, que ni al caso.

Desde hace unos cuantos años todo está igual, los armarios, las recámaras, los corrales, el cuarto de tiliches, con objetos viejos y empolvados.

El fogón tiene mucho tiempo de estar apagado, las cenizas están quietecitas y el hollín sigue pegado en el techo de la chimenea.

La leña, los olotes y el carbón dejaron de crepitar en ella; tampoco hay frijoles de la olla, ni atole en el jarro, ni café en el pato.

El comal sigue extrañando el filoso cuchillo, raspando, retirando los restos de queso escurrido de las quesadillas; las cazuelas hermosas con sus puntitos blancos en los bordes, quemadas y ahumadas por fuera, permanecen vacías; no volverá el mole a su cuenca, ni el arroz, ni las cucharas de madera…

Tampoco hay mucha impaciencia por llegar, volver allá es encontrarse con los mismos recuerdos, solo que ahora son un año más viejos.

Era mediodía. Llegó sosteniendo entre sus manos el insípido florero, al mismo tiempo que sus cansadas pupilas recorrían el desolado lugar.

El árbol ha tirado y estrenado muchas hojas, el mecate del columpio está podrido, la mecedora oxidada, el camino se ha hecho más angosto. Todo está inmóvil, solo el sol sigue en movimiento, no ha extraviado su sendero y el cielo es muy azul.

Ahora puede contemplarlo. Cuando vivió ahí no había tiempo de observar. Cuando vivió ahí había que levantarse muy temprano, encender el fuego, preparar el lonche para […] quien debía salir al potrero antes del amanecer, hacer el almuerzo, levantar a los hijos, arreglarlos para ir a la escuela, barrer el patio, darle de comer a los puercos y a las gallinas, regar las plantas, hacer la comida, recibir a los hijos, darles de comer, lavar vasijas, lavar la ropa, planchar, hacer la cena…

Esta vez el cumpleaños del difunto cayó en martes. Debía llevar flores a su tumba, los hijos habían mandado un buen dinerito para una ofrenda floral, como lo hacían algunas veces para justificar las ausencias, mismo que ella hizo rendir, escatimando, ahorrando, dijo: no se puede gastar el dinero tan a la ligera. Al fin los hijos no se darían cuenta, ya que por motivos de causa menor no podrían acompañarla.

La tumba quedó medio arreglada. Arrancó la maleza con un viejo azadón, se despidió del ranchero que funge como velador y que casualmente llegó al camposanto cuando ya la sepultura estaba compuestita.

Y cumplió lo prometido, no lloró y, además, tuvo una ocurrencia genial: decidió que el cumpleaños del difunto podría ser un poco más espaciado. Dijo: creo que será dentro de dos o tres años, entonces volveré, segurita de que no habrá reclamaciones.

Tanteando más o menos el tiempo en que sus hijos tienen la amabilidad de visitarla, miró el cielo de un intenso color azul, limpio de nubes. Suspiró con desgano, le dio una mirada rápida a su abandonado y solitario rancho.

De repente sus ojos se detuvieron en la sombra del árbol. Una visión apareció de inmediato entre la memoria y sus canas, imaginó la hora, el árbol y el sol siempre la sabían, casi casi con minutos y segundos.

Miró su reloj y, efectivamente, era exacta, la hora justa, cuando atisbaba por la ventana y allá, en la lejanía, podía distinguir la silueta de su marido; después de un rato, llegaba y, además de cansado, con el ceño fruncido, por alguna razón, casi siempre estaba de mal humor.

Sacudió la cabeza como deshaciéndose del recuerdo. Se persignó. Ése era también el momento de regresar, con la certeza de que el cumpleaños del difuntito estaría más lejano que de costumbre.

TUS OJOS DE VIENTO

Amor,

me gusta que me mires

con tus ojos de viento

que me acarician toda.

Me gusta tu mirada,

remolino ventoso

que me estrecha.

Me gusta tu mirada

que cálida me toca con mil manos.

Me gusta tu mirada de viento

que me recorre toda

y me besa con incontables labios.

Me gusta tu pródiga mirada

que me estruja,

que me lleva hasta el cielo

con amoroso y huracanado vuelo.

Amo tu profunda mirada

que al oído me habla.

Adoro que me mires

con solazado viento.

Que imprimas en mis ojos

tu plácido mirar;

me gusta

cuando amorosamente

a mi cuerpo se enreda

y a mi boca se pega.

Me gusta

ser tu rehén voluntaria,

de abrazos invasores

y tus besos de viento.

ÁNGELES AUSENTES

Ángeles ausentes,

con temporal y escondida presencia

solo vivieron dentro de maternal estancia

y emprendieron el vuelo.

Navegaron, patearon, dieron giros

en un cálido seno,

entibiado por inocente aliento.

Ángeles ausentes, negado les fue

ver los destellos de otros ojos

y la luz de los días.

Negado les fue besar un pecho,

estrenar un regazo.

Ángeles ausentes

que a Dios le plació ponerles una aureola

y llevarlos en brazos.

POEMA INTERRUMPIDO

Es el silencio,

cómplice de los grandes

e inconclusos amores,

los callados "te amo",

los "te quiero",

escritos indelebles

en las transparentes páginas del alma,

gritar desaforado desde el más profundo

y silencioso abismo…

Correr hacia un encuentro imaginario

desde la más desesperante de las quietudes.

Poema de amor interrumpido

al que le faltó el punto final.

Campanas impacientes por doblar

muy cerca de la frontera de la muerte.

UN INDIGENTE

Ayer lo volví a ver, estaba donde siempre, sentado a la puerta de un negocio. Lo vi extender su mano temblorosa, con su cara sonriente. También su voz temblaba, sus palabras se oían entrecortadas, decían no sé qué cosa. Y a pesar del frío y la llovizna, sus ojos le brillaban con esa luz que brota de los ojos felices.

No se asoma en su cara la tristeza, no se trasluce el más leve descontento. Es el vivo retrato de la calma. La paz aposentada en su mirada, siempre riendo feliz. Su jubiloso estado esconde la sonrisa entre su barba rala con gotitas de lluvia.

Así está el indigente, siempre sonriendo alegre, tan diferente a muchos que salimos revisando las notas, correteando los niños, renegando porque todo está caro y a veces lo ignoramos. Pero a él no le importa, él a todos les habla con sus palabras torpes.

A veces creo que ignora el valor del dinero porque nunca repara en lo que se le da, lo que sí pronuncia su boca diligente, es un perfecto ¡Gracias!

Así está el indigente, extendiendo su mano temblorosa y aunque no se le entienda lo que dice, hay un lenguaje mudo que interpreta lo dicho, ese lenguaje que hablan las manos generosas.

LA MUJER Y LA PAZ

Mujer,

a ti que, por buscar la paz, te envuelven en silencios.

Por añorar la paz te vas perdiendo en los olvidos.

Por la paz

tu rojo corazón detiene sus latidos.

Por corretear la paz

desfallece tu ser esperanzado.

Mujer,

la paz es un espectro fatigado

que deambula en etéreas vaguedades.

Mujer, tú que la persigues,

siempre lo tienes claro,

que vivir la vida en paz

es sueño no alcanzado,

un sueño que tropieza con mil adversidades.

Mujer, tú que vives y luchas

por blancos ideales,

armada con palabras afiladas.

¡Férrea punta de lanza

son tu lengua y tus labios!

Mujer, tú que caminas sin ser avasallada,

que te enfrentas a gigantes de acero

que se derriten ante tu coraje,

que tiemblan ante tu grandeza.

Tú que luces laureles en tu testa.

¡Ya tienes en la historia un lugar apartado!

Mujer, tú que por paz consideras

la sumisión silente,

¡es tiempo de gritar! ¡De ser congruente!

¡De enderezar el rumbo y levantar la frente!

SUEÑOS DE AMOR

En el sueño se vaga por parajes intangibles

y se tienen encuentros tan dichosos

que, despiertos y en plano terrenal,

jamás serían posibles.

En el sueño se toca el firmamento,

se inventan los "te amo"

y sentimos que el ser amado los escucha.

En el sueño se desvanecen los prejuicios

y también se inventan ligaduras

que atan a las almas gemelas,

almas que se mecen en lienzos neblinosos,

arrulladas en la noche divina

y cobijadas con mantas estrelladas

allá, en el tálamo nocturno,

y en la dulce complicidad de las alturas.

ME PERSIGUE TU VOZ

Tu voz está en el viento, en el amanecer,

se asoma entre la lluvia y el aire fresco.

Y me alcanza, me llama por mi nombre,

con ese hilo de voz que solo yo percibo.

Cuando la escucho, mi mente corre

a esos lugares tan llenos de sol,

de flores y de mar, de cielos azules y de sal.

Me estremece tu acento

en el murmullo de las tardes

con el viento helado.

En el susurro de aquella noche

con su cómplice azur

y las pringas argentadas de Orión.

Escucho tu voz en el recuerdo,

en el eco que guardo dentro del corazón.

ASÍ SON LOS RECUERDOS

Pájaros que rompen las paredes de la mente
para salir despavoridos,
precipitándose a encaminar su fuga,
persiguiendo lo que hace mucho tiempo
ha dejado de ser.
Alas incansables
que se untan de viento con bálsamo de rosas,
aves tomando vino dulce
de imaginarias copas.
Pájaros que aletean sobre un calendario
con días imprecisos y de horas oscuras,
hendiendo su vuelo
en densas tinieblas amontonadas,
picoteando la sombra.

ESTOY AQUÍ PARA CANTAR

Abuelos venturosos que pueden, en el atardecer de su existencia, contemplar un crepúsculo de nietos.

Estoy aquí para cantar
y dar a Dios mi gratitud,
por esta mi tercera edad
que hoy disfruto a plenitud.
Con la ilusión a flor de piel
voy transitando este sendero
que me ha tocado recorrer.
Aun cuando mis cansados pasos
ya se encaminan al ocaso,
contemplo el amanecer.
Ya con un nieto en mi regazo
o si vacíos están mis brazos,
para seguir me sobra fe.

Estoy aquí para expresar
que ser un adulto mayor

es una oportunidad

que la vida me regaló.

El corazón con su latir

me está mostrando a cada instante

lo importante de vivir.

Aunque mi suerte sea adversa

o muy escasa sea mi fuerza

estoy aquí para cantar.

Aunque mi vista se oscurezca

aunque mañana no amanezca,

estoy aquí para cantar.

ME AFERRO A LA ESPERANZA

Cuando el sendero tiene tramos disparejos

y debo caminar en soledad,

me aferro a la esperanza.

Cuando se vuelven estrechas las veredas

y solo cabe ella,

le cedo mi lugar.

En las oscuras noches de tormenta,

de zigzagueantes lampos o globular centella,

me aferro a la esperanza.

Así como se aferra el marinero

a brújulas de estrellas,

cuando siento que se acaba el camino

y estoy al borde de algún acantilado,

me aferro a la esperanza.

Refuerzo mis sandalias, oriento la mirada

y antes de dar la vuelta y desandar lo andado

reviso mi armadura,

porque es menester estar segura

que mi escudo de fe no esté oxidado.

Cuando aparece la desesperanza

y llegan los momentos de zozobra,

escritos en los renglones del destino,

me aferro a la esperanza.

Ella es una espada de optimismo,

ella es una espada de confianza

que puede blandirse con certeza

cuando el alma se encuentra adolorida.

Con ella se debe combatir

en las batallas diarias.

Y si la esperanza es mi espada solidaria

¡nunca debe estar enmohecida!

ESTÁS EN MIS SUEÑOS

Siempre estás en mis sueños

y estás también en mis desvelos,

aunque tus pasos se vayan dibujando

en otro suelo

y tus ojos no contemplen las estrellas

que un día miramos juntos

y amanezcas mirando otros luceros.

Estás en mis anhelos,

aunque nunca se cumplan,

aunque mis pasos no te alcancen

y tus pies pisen un suelo que me es ajeno

y contemple yo sola las estrellas

y mis ojos ya no sean tus luceros,

siempre estás en mis sueños.

Y siempre estarás porque te quiero.

¿QUE HARÉ CONTIGO, AMOR?

¿Que haré contigo, amor, que haré contigo?

Con esta terquedad que me acompaña,

de recordarte cada instante.

En cada tic-tac, en cada granito del reloj de arena,

en cada gotita de clepsidra,

con este frío que entume el pensamiento

y flagela el sentir.

¿Que haré contigo, amor?

No quiero que me olvides,

hazme saber que existo,

que me recuerdes una vez al día

o en el reloj la arena se quede suspendida

y el agua se congele

y a las gotitas se les olvide el tiempo.

Hazme saber que me recuerdas,

aunque sea por momentos.

NO TE DEJARÉ IR

Me aferro a tu camino, te sigo con la luna,

en cada tramo de su incesante recorrido,

aunque las nubes la cobijen

y su lechosa luz se torne escasa.

Te sigo con el viento que pasa,

que no se cansa de guardar los ecos de tu voz.

Me aferro a ti, te sigo con el sol

que se esconde en invierno

y te encuentro al calor del fogón.

Me aferro a ti en los amaneceres,

cuando los rayos del alba asaltan el resquicio,

en la calma de los atardeceres

y en el bullicio que desacomoda la monotonía.

Me aferro a ti en el sueño

y despierto contigo cada día.

POEMA ESCONDIDO

Casi todos tenemos

un poema escondido

en lugar impreciso.

Algunos versos

que se quedan dormidos,

guardados en un imaginario

manuscrito,

que a veces se asoman

entre la somnolencia

y la vigilia.

Palabras

que se han memorizado

sin la urgencia de un lápiz

y un papel.

Poemas que despiertan,

que saltan de improviso,

se pegan al oído

de alguien que los inspira,

que saben a recuerdo

y tienen la fragancia

de un momento divino.

Poemas

que se dicen con abrazos,

con besos

y palabras guardadas

que serán pronunciadas

cuando puedan

juntarse los caminos

y se haya sobrevivido

a la distancia.

TÚ SABES QUE TE QUIERO, ME DIJISTE

Te amo, tú sabes que te amo, me dijiste,

con la delicia del amor prohibido.

Y lo quise creer porque te amo

con ese amor ausente de caricias.

Te amo

con ese amor que atisba

en las ausencias,

con ese amor que tiene la paciencia

de esperarte por siempre,

porque no podrá ser.

Tú sabes que te amo, me dijiste.

Pero ese amor no alcanza

para esa efímera caricia

de una sola mirada sin testigos.

Porque cuando el amor que no ha sido escrito

en los renglones del libro de la vida

no se le ha permitido

disfrutar las delicias.

Tú sabes que te amo, con un amor

que ha sido en un solo corazón

y dos letritas en los granos de tierra,

con ese amor que está a merced

de agresivas tolvaneras.

Tú sabes que te quiero, me dijiste,

y siempre pensé, aunque me duela,

que era una declaración

que no sentiste,

una declaración

que se hizo a la ligera.

DE MADRUGADA

Yo te habito

en el más puro de los silencios,

cuando las sonoridades

se han quedado calladas,

te habito en mí,

testigos tengo de ser una contigo,

la paz y la penumbra extendidas

sobre todas las cosas de la habitación.

Te habito y me habitas,

antes de que el viento recién nacido

comience a mecer las hojas,

antes de que el ópalo derretido

se revuelva con azul.

Te habito y me habitas.

Permanecemos antes de perdernos

en el bullicio de lo cotidiano.

DESVELO

La noche es muy tibia y el cielo, estrellado.

La luna viajera se asomó un momento,

rasgó las ventanas con rayos plateados

y pasó de largo.

En la habitación,

la sombra vigila con ojos de búho

la involuntaria y terca vigilia.

Afuera,

los ruidos nocturnos rompen el silencio.

Y así, mientras amanece

y el día deshace el insomne suplicio,

te invento, te abrazo, te beso, te pienso.

Porque en los insomnios,

sin querer, se adquiere el sabroso vicio

de soñar despiertos.

LA NOCHE NO PARECE TAN OSCURA

Aunque esté de perfil la media luna,

el polvillo de estrellas me va llevando a ti,

el camino es seguro,

me encontraré contigo,

aunque tú ni siquiera

estés pensando en mí.

Volaré en el espacio, entre nubes de seda

subiré a las alturas a escudriñar los cielos

y romperé ese velo

que de ti me separa.

Me sentiré feliz

de encontrarme contigo,

aunque tú no me mires,

ni oigas mis palabras,

me encontraré contigo y volveré feliz.

SEQUÍA

El viento iracundo, puede arrancar árboles, desatar
tormentas y aunque alígero, sacuda mi corazón, no podrá
arrancar tu recuerdo de mí.

Hace mucho tiempo

que se ausentó la lluvia;

hay hermosos recuerdos

que llegan con el viento

y se quedan pegados a la mente

el tiempo suficiente

para hacernos reír o llorar,

que se habían perdido

en un patio en penumbra,

iluminados apenas

por la tenue luz de la escasa luna.

Ya no se necesitan los pañuelos,

se ha resecado el alma,

los ojos y los labios.

El pensamiento se ha vuelto polvoso,

con sesgos de inquietud y vago asombro.

Las mariposas

ya no agitan el vientre,

la habitación reseca

también extraña su aleteo.

Hace tiempo que se ausentó la lluvia.

Y con su ausencia

se evaporó el perfume

de la tierra mojada.

SOY

Soy tan solo el recuento de metas cumplidas,

de andares felices, risueños, venturosos.

También he transitado

senderos empedrados,

agrestes, azarosos y desfavorecidos.

Me senté en las nubes, jugué con estrellas,

he mecido cunas, he aventado en tumbas

rosas de colores y puños de tierra.

He llorado poco y reído mucho,

¡he soñado tanto!

Y con poquito llanto empapé almohadas.

Me río de mí y de cuanto puedo,

reír es una forma de llorar en seco.

Sigo saboreando los sueños cumplidos,

evoco recuerdos, aromas, ausencias,

abrazos y besos.

Soy tan solo un puñado

de momentos idos.

Seré fabricante de mañanas tersas,

de aquí en adelante

cumpliré otros sueños,

andaré caminos seguros o inciertos,

evitaré espinas,

arrancaré flores,

cantaré en silencio,

abrazaré fuerte.

Seguiré amando

y escribiendo versos.

NADA TENGO

Los poemas escritos en arena duran poco, las palabras
levitan y vuelan granuladas por causa de los vientos.

Nada tengo
que no haya sido de otros.
Si digo mi cuerpo, no es del todo mío,
me dijeron que tiene rasgos de alguien
que nunca conocí.
Si digo mi sangre,
ella tiene la savia de dos seres amados.
Si digo mi existencia,
tiene una fecha de caducidad;
cuando llegue su hora
no podré añadirle ni siquiera un segundo.
Y si digo mi mundo,
en él viven millones.
Nada tengo que sea original,
se me dio un nombre repetido,
como esos nombres

que han sido sobrepuestos,

que sirven para honrar la memoria

de un muerto o de un conocido.

Los apellidos que están en un registro,

han transitado en las andanzas

de los antepasados.

Nada tengo.

Nací sola, y sola moriré,

aun cuando sea una muerte colectiva,

cerraré o alguien me cerrará los ojos.

Nada tengo que sea digno

de alabanza o de envidia.

Porque todo es prestado.

Y aunque trato de no defraudar

a aquél que le place regalarme

temporal existencia, me equivoco,

tropiezo con frecuencia,

y aún sin proponerme,

enrarezco mi vida prestada

y la de otros.

ALLÁ EN LAS CONSTELACIONES

El viento nunca nos deja en visto.

Hoy me atreví a buscarte
en un sitio prohibido,
en ese laberinto de caminos extraños.
Viajé fuera de mí, a miles de años luz
y no estabas ahí.
Descendí
con la desilusión a cuestas,
con los brazos vacíos
y miradas llorosas.
Me encontré a las siete hermanitas,
refulgentes palomas.
Les pregunté por ti, Electra y Selene,
me miraban celosas,
no fui bienvenida a las siete cabrillas.
Y tuve una ocurrencia:
en ese infinito, tan lleno de magia
y de tu ausencia,

hice un chasquido con mis dedos

y apareció una hermosísima carroza.

¡Qué alegría!

¡Era la mayor de las osas!

Y en el mágico carro sin bridas ni corceles,

vagué y vagué por mantos estelares.

Y apareciste tú

en un remolino de partículas bellas.

Y allá, entre las pléyades lejanas,

hicimos un castillo

con polvito de estrellas.

YO SÉ QUE ESTÁS AHÍ

Aunque tu vida no pueda

entretejerse con la mía.

Yo sé que estás ahí

y que has estado siempre.

Haberte conocido ha hecho

que mis días transcurran diferentes.

Que cada momento lo viva de tu mano

aunque tú estés ausente.

Yo sé que estás ahí, en otra geografía,

donde los vientos soplan amorosos

y las tormentas se vuelven armonía.

Tienen oasis frescos los cálidos desiertos

y las piedras, textura de nubes,

las nubes con lluvia de caricias.

Y las blandas estrellas como cocuyos tersos.

Yo sé que estás ahí

donde la fuente rivaliza

con rumores de ríos.

En el sitio perfecto

donde el amor se hace poesía,

donde mora la risa

y la fragancia de besos.

Yo sé que estás ahí

y no puedo encontrarte

porque hay montes espesos

y ausencia de caminos.

No hay veredas ni atajos,

ni siquiera una hebra

que me ate a tu destino.

TE BUSCO DE NOCHE

Hay senderos que solo se pueden caminar de noche, cuando
la oscuridad es cómplice del sigilo.

Me gusta,

me gusta salir a buscarte de noche,

cuando nadie me mira,

para que no me juzguen

y que nadie se burle

porque no te encuentro.

Me gusta,

me gusta buscarte de noche,

aunque mi esperanza desesperanzada

me haga mil reproches.

Y es muy triste deambular de noche

en solitarios bosques

de estrechas veredas,

baldíos de voces.

Me estremecen las sombras movedizas,

oscurecen a tramos el sendero

que me impide verte.

No me cansaré

de buscarte de noche.

Haré que mis ojos dormidos

te busquen,

que mis ojos cerrados

te encuentren,

que mis brazos te estrechen,

que mis labios te besen.

POR ABRIL

En la memoria del silencio se anidan los recuerdos,
aparecen con la soledad.

Cuántos nombres pronunciados con ternura
por hijos, por padres y por madres,
con amor por esposos,
nombres dichos con románticas voces
por los novios,
con sincero cariño por amigos,
por los amantes apasionados.
Nombres ausentes que se dijeron quedo,
nombres enronquecidos en gargantas
o que fueron en silencio recordados.
Nombres que gritaron en las calles
y se perdieron en los ecos de la indiferencia.
Nombres diluidos en llanto,
elevados al cielo en oraciones.
Ausentes nombres escritos en actas,
en cruces, en piedras, en pancartas.

Amados nombres marchitados

en rotos y dolientes corazones.

Cuántos nombres bonitos,

comunes, raros, rebuscados,

cuántos nombres elegidos con sonrisas,

sustituyendo a otros.

Cuántos nombres extraviados en el tiempo,

en el inmenso mar de los olvidos.

Amados nombres

engrosando las listas de desaparecidas,

en las alertas ámbar, en noticias.

¡Cuántos nombres convertidos en cifras!

¿Cuántos nombres más como el de Abril?

¿Cuántos?

Se podrán escuchar en los juzgados,

sin respeto, sin ética, con sobrado desdén,

con frialdad y con desprecio, en las bocas

de indolentes jueces pronunciados.

POR CAUSA DE UN ABRAZO

Un abrazo es un cálido lazo que tiene la forma

de unos brazos.

Todo empezó por causa de un abrazo.

Ese fugaz momento

fue cuando mi latir

se unió con tu latir.

Fue un instante glorioso,

instante inesperado,

ni siquiera soñado, ni por ti, ni por mí.

Todo empezó por causa de un abrazo.

Fue en aquella tarde bellísima de abril.

El parque estaba lleno de animosidad,

las aves muy felices regresaban al nido

y la noche amenazaba con teñirse de añil.

Por causa de ese abrazo

las almas se tocaron,

fue cuando mi latir

se unió con tu latir.

Efímero apapacho, efímero y eterno,

que se quedó por siempre

adherido a mí.

Y no sé si recuerdes el color de aquel día

que me abrazaste fuerte.

Tampoco si sentiste lo mismo que sentí,

solo puedo decirte que guardo ese momento.

Y recuerdo clarito,

que te dije "te quiero".

Fue cuando mi latir

se unió con tu latir.

LAURA Y MARCO EN PUEBLA

Los ojos de los viajeros ven los paisajes con diferente color.
Unos, a través del cristal empañado; otros, con lentes ávidos
de almacenar imágenes. Muchos ni siquiera los ven.

Los conocí una mañana. Él se levantó de su silla, interrumpió unos cuantos segundos el desayuno de los turistas y dijo así:

—Hoy es el cumpleaños de mi compañera y quiero coronarla porque es la reina de mi casa.

Puso sobre su cabeza una corona y todos emocionados aplaudieron; le gritaban la palabra clásica: ¡beso, beso, beso!

No se hicieron del rogar y se besaron.

Yo, como siempre de fisgona y metiche, les pregunté si me podía sentar en su mesa solo un ratito. Muy amables, me dijeron que sí y el ratito se volvió ratote, porque ellos apenas habían ordenado su almuerzo.

¡Me encantó la mirada de Laura! Sus ojitos húmedos por la emoción y felicidad tenían ese brillo tan especial y genuino, ese pedazo de alma que se sale por los ojos y que lo he visto tantas veces, porque he tenido la fortuna de encontrarme con muchísimas personas felices.

Me dijeron sus nombres: Laura y Marco.

—¿Qué haces, Laura? ¿A qué te dedicas?

Como les decía, metiche a morir. Y me dijo:

—Al aseo de la ciudad, barro las calles; intendencia pues.

—¿Y tú? —le pregunté a él.

—Yo canto en las cantinas, en restaurantes, en bares, en la calle, donde se pueda.

Empezaron a hablar y no tuve que hacer más preguntas. Ella ha sido viuda dos veces. Le tocó sufrir con los dos maridos enfermos, cuidarlos hasta que descansaron en paz.

—Yo con ella —continuó Marco—, son ya doce mujeres.

Laura lo interrumpió:

—Pero dice su familia que ya no va a tener ninguna relación más, porque él ha cambiado mucho de cómo era antes y ya están encariñadas conmigo. Lo trato bien y lo respeto.

Bien sentenciado, Marco siguió platicando:

—Tenemos una bonita relación como pareja. Ella cumple años el día de los inocentes y hace cuatro años la invité a festejar. Quise cantarle las mañanitas a medianoche, ser el primero en felicitarla; obvio, el festejo comenzó el día veintisiete.

Y les dieron la una, las dos, las tres, las cuatro, las cinco y las seis y abrazados los encontró el veintiocho en un cuarto de hotel, supongo yo. Porque otro día le preguntó Marco si quería irse a su casa o seguían el festejo, y Laura le contestó:

—Sí, quiero irme a mi casa, pero solo para recoger mis cosas e irme a vivir contigo.

Él, muy feliz y sonriente, dijo en voz alta:

—¡Me hizo una inocentada!

Y así, felices, festejaron el día del cumpleaños de

Laura y cuatro años de relación. ¡Un hermoso acontecimiento! Y yo estuve ahí, disfrutando esos regalos que son invaluables, ver a personas felices, entrometerme un poquito en sus vidas.

Los dejé que disfrutaran su almuerzo. Ella pidió huevos divorciados y él un platillo que se llama "Pisa y corre". Me llamaron la atención los nombres de los platillos, como que no estaban de acuerdo con el festejo. En fin, les agradecí su tiempo y me levanté de su mesa, sintiendo una enorme felicidad.

ERES

Eres la canción armoniosa,

de arpegios cristalinos,

amorosa canción que escuché muy tarde,

lejos del mediodía, después, mucho después

de los anaranjados crepúsculos.

Eres la canción compartida

con sabor a mixtura,

que cantas en la bifurcación de dos caminos,

la guardan mis oídos,

la siente el corazón con latidos cansados.

Eres la canción compartida,

disuelta en la distancia, cantar descolorido.

Eres cantor lejano que saca mis nostalgias

de sus fuentes y yo las desparramo

entre el bullicio de los enfiestados.

UN SUEÑO FELIZ

Anoche me puse un vestido de fiesta

y me salí de mí,

me quedé mirando al firmamento.

La luna incompleta

me hizo guiños con el ojo del conejo,

las estrellas danzaban entre sí;

cansadas de bailar se echaron en el mar,

se bañaron, temblaban de frío,

hacía viento del norte.

Caminé largo tiempo

pisando arenas blancas y blanditas.

Contemplé un cortejo

de cangrejos rojinegros.

Escuché una música hermosa

con instrumentos desconocidos.

Vi una nube de flores y aves;

de las flores se desprendían

aromas exquisitos.

Las aves hablaban con voces humanas,

era una conversación armoniosa.

Medio dormida busqué la luna

y no la encontré.

Las estrellas estaban

sobre un lecho de arena suave y blanca.

Ahí estaba yo.

Desperté cuando el penacho del sol

rozaba suavemente las ventanas del viento

con sus plumas anaranjadas.

No sentí frío, una neblina tibia

descendió de lo alto y me envolvió

con una enorme sensación de felicidad.

CONTIGO YO APRENDÍ A VOLAR

Letra y música: Lupita González de Ureño

Contigo yo aprendí a volar
un poquito cada día,
entre nubes de ilusiones
con alas de fantasía.

Contigo yo aprendí a volar.
Contigo yo aprendí a volar.

Contigo yo aprendí a volar
un vuelo maravilloso,
aprendí a cruzar el mar
solo con mirar tus ojos.

Contigo yo aprendí a volar.
Contigo yo aprendí a volar.

Contigo yo aprendí a volar

un maravilloso vuelo,

al cielo pude llegar

sin despegarme del suelo.

Contigo yo aprendí a volar.

Contigo yo aprendí a volar.

Contigo yo aprendí a volar

como vuelan los humanos,

solo con cerrar los ojos

y con estrechar tus manos.

Vuelos de imaginación,

alas con amor profundo,

junto de tu corazón

yo vuelo hasta el fin del mundo.

Contigo yo aprendí a volar.

Contigo yo aprendí a volar.

MUJER, MUJER, MUJER

Letra y música: Lupita González de Ureño

Mujer, mujer, mujer,
yo sé qué te ha pasado,
que tu amor se ha quedado
oculto en un rincón.

Mujer, mujer, mujer,
sé cómo has contemplado
que en tren se ha marchado
tu amor a otra estación.

Mujer, mujer, mujer,
se han desdibujado tus caricias.
Yo tengo para ti una gran noticia,
sé de alguien que te puede consolar.

Él es Jesús,
Aquél que por amarte dio la vida,

Aquél cuyo cariño es incondicional.

Mujer, mujer, mujer,
si acaso tus anhelos
regados por el suelo
los miras sin mirar

Mujer, mujer, mujer,
si acaso la distancia
diluyó la fragancia
de un sueño y ya no está.

Mujer, mujer, mujer,
si por cosas extrañas de la vida
hoy tu alma se siente adolorida
y no le quedan ganas de luchar.

Busca a Jesús,
Él quiere estar pendiente de tus sueños
y no les pone fecha de caducidad.
Y no les pone fecha de caducidad.

Índice

Made in the USA
Columbia, SC
06 September 2022

66725299R00086